PROCÈS-VERBAL

DE L'INAUGURATION

DU PORTRAIT

DE SA MAJESTÉ

LOUIS-PHILIPPE Ier,

ROI DES FRANÇAIS,

LA RÉOLE,

Imprimerie de Pasquier, Rue Salargue.

1841.

PROCÈS - VERBAL

DE L'INAUGURATION

DU PORTRAIT DE SA MAJESTÉ LOUIS-PHILIPPE Ier,

ROI DES FRANÇAIS.

Aujourd'hui 11 novembre 1841, jour fixé pour la séance solennelle de rentrée et pour l'inauguration du Portrait de Sa Majesté, les Membres du Tribunal civil de La Réole, convoqués en assemblée générale, se sont réunis à onze heures du matin, dans la chambre du Conseil.

MM. les Avocats et Avoués étant placés au barreau, les autorités civiles, militaires et religieuses, invitées à la cérémonie, étant également placées sur les siéges qui leur étaient réservés, le tribunal, ayant à sa tête M. le Président, précédé de tous les huissiers audienciers, est entré dans la salle d'audience.

Toutes les personnes invitées étaient debout et découvertes. Un public nombreux remplissait l'auditoire.

La salle était richement décorée.

Des faisceaux de drapeaux tricolores, placés sur la grande porte d'entrée, étaient surmontés de l'écusson royal.

A l'endroit le plus convenable de la salle d'audience se trouvait placé le portrait en pied de S. M. LOUIS-PHILIPPE 1er., peint par Mlle. Chastagnier, aussi entouré de drapeaux tricolores, de branches de laurier, et surmonté d'une couronne.

M. le Président a ouvert la séance, et s'est exprimé en ces termes :

Messieurs,

La Justice, vous le savez, fut un des premiers besoins, dans tous les temps et chez tous les peuples réunis en société. En effet, le riche comme le pauvre, le savant comme le simple laboureur, l'artiste comme l'ouvrier, le général comme le soldat, le magistrat le plus haut placé comme le dernier fonctionnaire et les ministres de la religion, eux-mêmes, pontifs ou simples pasteurs, tous, comme citoyens, viennent lui demander aide et protection : sa balance pèse les droits de chacun, et son glaive frappe le criminel, sans distinction de rang et de fortune.

Mais, Messieurs, ainsi que nous le disions dans une autre solennité, pour tenir cette balance et ce glaive, il faut avoir la main pure; pour inspirer la confiance, il faut une règle de conduite sévère, une impartialité, une réserve sur tout et une modération à toute épreuve : malheur à nous, Messieurs, si nous n'étions pénétrés de cet axiome d'une éternelle vérité :

« Le magistrat qui juge à son tour est jugé! »

C'est donc une grave mission, Messieurs, que celle de prononcer sur la fortune, l'honneur, la liberté et quelquefois sur la vie de ses concitoyens !

Un tel pouvoir, Messieurs, ne pouvait manquer d'exciter toute la sollicitude des peuples et des souverains. Nos anciens rois, comme leurs successeurs, l'ont toujours honoré. Tantôt ils l'ont exercé eux-mêmes ; tantôt ils l'ont délégué à des juges chargés de l'exercer en leur nom, et si notre pacte social ne l'a pas conféré en entier au monarque, il ne pouvait lui en laisser une plus noble part que le droit de grâce.

On ne saurait donc, Messieurs, dans l'intérêt des peuples, entourer de trop de considération les corps judiciaires ; et si l'image du prince, au nom duquel se rendent les arrêts, doit être placée quelque part, elle ne saurait l'être plus convenablement que dans le temple même de la Justice !

Honneur à ces arts sublimes qui permettent à l'homme de génie, à l'homme inspiré du feu sacré, de faire revivre sur une simple toile, ou sur un bloc de marbre, les bienfaiteurs de l'humanité; de rappeler à nos souvenir les faits historiques ; de transmettre les exploits des peuples célèbres aux générations les plus reculées !

C'est par la possession de l'une de ces productions des beaux-arts que nous pourrons désormais, Messieurs, contempler les traits de notre auguste Monarque, de ce sage souverain que le génie de la France semble avoir envoyé parmi nous pour fermer l'abyme des révolutions, et nous faire jouir de tous les bienfaits de la paix. Oui, Messieurs, sous son règne, empreint de la plus magnanime modération, la justice et l'équité marchent ensemble.

Honneur, Messieurs, nous le répétons, à ces beaux-arts qui ont eu leurs phases de gloire, chaque fois que les nations ont vu briller, d'un vif éclat, le flambeau du savoir et de la civilisation. Les plus grands princes, vous le savez, Messieurs, honorèrent toujours les grands artistes : de nos jours, le héros de l'empire aimait à visiter l'atelier de l'auteur des *Sabines* et de *Léonidas*. Horace Vernet, peintre si fécond, aux œuvres si patriotiques, dans la famille duquel le talent est héréditaire, n'a pas eu de plus savant appréciateur que le Roi des Français !

C'est sous cette haute influence que les arts ont pris un nouvel essort, qu'un musée, vériablement national, est venu, pour ainsi dire, rendre à la vie le palais du Grand-Roi !

Ah ! Messieurs, si nous ne craignions de dépasser les bornes que doit nous prescrire la solennité qui nous réunit, nous vous entretiendrions encore de célébrités artistiques dont les peuples éclairés surent toujours s'énorgueillir ; nous vous parlerions de notre admiration pour tout ce qui tend à élever l'esprit humain ; nous vous dirions nos sympathies pour tous ceux qui cultivent les lettres et les arts ; parce qu'il nous semble qu'après l'accomplissement de ses devoirs, l'homme, dans quelque rang qu'il soit placé, ne saurait trouver un plus noble délassement.

Ce portrait que nous devons à la bienveillance de M. le Ministre de l'intérieur et à celle de notre Député, est l'œuvre d'une femme artiste (*). Comme objet d'art, nous ne pensons pas que ce soit le moment d'en présenter l'analyse ; mais en vous apprenant que cet œuvre appartient à une femme, comment ne pas reporter nos souvenirs sur l'une des augustes Filles du Roi, qui cultiva les arts avec tant de succès ! Malgré notre certitude de renouveler des douleurs à peine calmées, qu'il nous soit néanmoins permis de jeter, à notre tour, quelques fleurs sur le voile funèbre qui vint sitôt recouvrir les restes d'une princesse riche de tant de vertus et de talents !

Ombre illustre ! vous sur qui le dieu des arts vint répandre son souffle créateur ; vous dont la brillante imagination eût fini par retrouver la palette de Rubens, vous dont la main savante sut imprimer au marbre les grâces guerrières de l'héroïne de Domremy ; vous dont la mort prématurée fit verser tant de larmes ! daignez du haut des cieux recevoir ce nouvel hommage de notre admiration et de nos regrets !!!

Ah ! Messieurs, si nous comptons quelques jours heureux dans notre carrière de magistrats, — mettons au premier rang la solennité de ce jour et celle où, non loin de ce prétoire, l'auguste Frère de la princesse

---

(*) Mademoiselle Chastagnier.

Marie daigna recevoir l'expression de nos sentimens unanimes : de tels souvenirs ne s'effaceront jamais de nos cœurs !!!

Après quelques temps de repos, nous ne pouvions, Messieurs, reprendre nos occupations sous de meilleurs auspices que ceux de l'inauguration du portrait de Sa Majesté !!!

Terminons, Messieurs, cette allocution. Vous êtes, comme nous, impatiens d'entendre le magistrat qui occupe dans ce moment le siége du ministère public. Après avoir partagé ses émotions, notre attention sera pour nos justiciables ; nous répondrons ainsi au vœu le plus cher du Monarque, et tous s'empresseront de répéter, avec nous, ce cri cher à tous les vrais Français !

Vive le Roi !!!

Ce cri a été répété par toute l'assemblée.

Au même instant, les militaires invités à la cérémonie ont présenté les armes, les tambours ont battu aux champs, et le bruit du canon est allé annoncer au loin la solennité.

M. Dumoulin, substitut de M. le Procureur du Roi, a prononcé le discours suivant :

Messieurs,

Ce jour que vous consacrez par les pompes graves et solennelles de la Justice à la reprise de vos travaux ; où jetant un coup-d'œil rapide sur le passé, envisageant l'avenir, vous recueillez vos ames dans une méditation sérieuse et profonde, rassemblant vos forces pour avancer dans la carrière, toujours dignes de votre magistrature, toujours dignes de vous-mêmes! ce jour voit augmenter encore l'éclat de cette fête par l'auguste témoignage que le Roi vous donne de sa haute et précieuse bienveillance.

Vous consacrez aux yeux du peuple de ces campagnes l'image de ce Prince qu'il ne connaît que par le bien qu'il répand sur lui, et vous-mêmes, vous plaçant sous cette égide tutélaire, vous vous montrez ce que vous êtes, hommes loyaux et libres, servant le Roi en présence de Dieu.

Si ma parole devait, devant une autre assemblée que celle où j'ai l'honneur de me trouver, célébrer ce grand jour; si dépouillant mon droit je parlais autrement qu'en vertu de mon titre, donnant un libre essor au chaleureux enthousiasme qui m'anime en contemplation des vertus et des bienfaits du Roi, j'oserais peut-être tracer l'éloge de celui dont la grande voix de l'Histoire doit seule faire l'apologie... l'inspiration remplacerait le talent...

Ici, Messieurs, je viens remplir un devoir; ici point d'enthousiasme!... mais une appréciation juste et rigoureuse de ce qui est, et d'utiles enseignemens pour l'avenir.

Je viens vous dire: ne bornez pas à des expressions de vénération, de dévouement et de fidélité pour le Roi (honorables impressions! que du reste vous éprouvâtes toujours et que rien ne peut accroître!) la manifestation de votre reconnaissance..... Ajoutez encore, en recevant ce noble gage d'une auguste bienveillance, les sentimens d'un juste et légitime orgueil; car la récompense qui vous est donnée glorifie le Roi, comme elle vous honore.

Je ne peux moi-même, Messieurs, résister à ce sentiment. S'il est, en effet, toujours glorieux de travailler pour la patrie au nom de celui qu'elle a choisi pour son souverain, il est plus consolant encore de servir sous un prince qui, près comme loin du trône, voit le travail de tous, encourage le zéle, apprécie l'ardeur; et donnant l'exemple, le premier à l'œuvre, répand sur le pays les bienfaits de la civilisation qu'il avance, de la liberté qu'il protège, et de l'ordre qu'il maintient.

Donc, nous associant à son œuvre; donc ayant vu nos efforts, et nous ayant jugés dignes, il nous a aussi associés à sa gloire : comprendra-t-on que nous n'en soyons pas fiers?

Ce n'est pas assez, Messieurs, de cette considération puissante.

Vous tous qui m'entendez, je vous prends pour juges. Ici, brille l'excellence et la noblesse du Roi. Quel sentiment doit éclater en présence de la manifestation de son contentement et de la manière dont il récompense?

Calculez les dons; appréciez les motifs, et prononcez, je vous adjure !

Ce ne sont pas des présens qui viennent humilier ceux qui les reçoivent; de ces honneurs qui mènent infailliblement à la fortune ; mais une distinction noble, généreuse, qui élève l'homme au-dessus de lui-même. Je peux le dire.

Ouvrez les œuvres de ce magistrat célèbre, dont la parole retentit dans son temps comme une inspiration prophétique, et qui règne aujourd'hui comme un chef-d'œuvre de la sagesse humaine, Montesquieu !

Où la vertu règne, écrit-il , l'état ne récompense que par les témoignages de la vertu.

Maintenant décidez !...

Et nous, Messieurs , en présence d'un aussi imposant témoignage, que de pensées graves à méditer, que de salutaires enseignemens à recueillir !

La Providence marque du sceau du génie , comme du sceau de la vertu, certaines intelligences d'élite, qu'elle se complaît à envoyer aux hommes comme pour attester sa puissance divine...

Il n'est pas donné à tous de pouvoir égaler ou seulement atteindre ceux qu'elle distingue de cette marque éclatante. On peut seulement suivre de loin la carrière qu'ils tracent, et arriver au but après de pénibles efforts.

Et dans cette circonstance, si je devais retracer toutes les vertus dont notre auguste Roi nous offre le modèle, mes moyens, mon temps, ma voix ne pourraient y suffire : je bornerai donc ce discours à vous dire :

1°. Comment LOUIS-PHILIPPE nous montre et nous enseigne le courage civil ;

2°. Comment il nous offre l'exemple de l'obéissance aux lois.

Les limites que je viens de m'imposer ont infiniment réduit la carrière ,— et cependant elle est encore au-dessus de mes forces. C'est en me plaçant sous votre paternelle indulgence que j'ose m'avancer vers le but. Vous m'y avez dès long-temps accoutumé : dans cette grave circonstance, j'ose espérer la retrouver encore.

§ Iᵉʳ.

Le courage civil, Messieurs, demande surtout une âme

grande et belle, — parce que le sentiment personnel doit disparaître en présence du bonheur public ; — parce que l'épreuve amène toujours le martyre, jamais le triomphe.

Ce n'est pas tout : le sentiment qui l'inspire doit émaner de la raison ; doit être soutenu par sa force, et de plus éclairé par une expérience éprouvée.

J'explique ma pensée par des faits.

J'admire le combattant qui va protéger dans les hasards de la guerre et le sol de la patrie et le toit domestique. Rien ne l'arrête, ni l'aspect terrible du carnage, ni les dernières étreintes de la famille.

Cependant, Messieurs, à coté de ce dévouement sublime, j'entends les applaudissemens de la multitude qui l'accompagnent jusque sur le champ de la bataille.

S'il succombe, le peuple répand des couronnes sur le passage de sa glorieuse dépouille ; le prêtre récite sa louange dans la chaire de l'évangile, et les peintres et les poètes illustrent son beau trépas.

Oh ! s'il a échappé aux dangers de la mêlée, que de grandeurs, que d'attraits dans les récompenses ! les joies du triomphe, les chants de la victoire et l'illustration et l'immortalité ; car la postérité est fière et se glorifie du nom illustre qu'il lui lègue.

Donc avec ce dévouement, la gloire !... Après, la gloire encore !... ce grand mobile des actions humaines.

Celui qui pour accroître la prospérité de la patrie livre sa vie à l'inconstance des flots, se joue sur l'abîme, soumettant les élémens à ses caprices, celui-la se dévoue encore !

Mais l'or enrichit la palme que la patrie lui décerne.

Ces apôtres de la foi, ces filles de Dieu, dont le dévouement ennoblit l'humanité, ont aussi leur couronne : elle brille sur la terre comme une étoile du ciel.

Répondez! ai-je tort? Toutes ces nobles actions n'ont-elles pas une récompense actuelle qui les soutient et les encourage au milieu des difficultés de l'entreprise?

Mais l'homme qui a le courage de lutter soit contre les préjugés, soit contre l'élan des passions, pour le plus grand bonheur de ses semblables, ne doit rien attendre que de lui seul.

Il doit être aussi grand que la lutte qu'il entreprend, et son ame doit être assez éminemment belle et généreuse pour répandre à profusion le bien sur ceux qui l'environnent d'embûches et le couvrent d'opprobres.

Il ne doit pas espérer de repos dans l'accomplissement de la tâche qu'il s'est imposée, parce que l'ennemi veille et l'attaque incessamment.

Au sein de la famille, dans les joies du foyer domestique, cet ennemi trouve un élément à sa haine, il empoisonne les douces étreintes de la sainte amitié et de la piété filiale ; — tous ceux qui l'entourent sont enveloppés d'un inextricable réseau de méchanceté et d'odieuse envie; et les vertus qu'on admire chez les autres, et qui brillent en lui, sont représentées comme autant de vices propres à attirer la vengeance sur sa tête coupable.

Aussi se fait-on une gloire de compter parmi ses ennemis, de s'associer aux passions fangeuses de la rue, dont la dernière expression est le plus lâche de tous les crimes : l'assassinat !....

Ne taxez pas ces paroles d'exagération.

Ici brillent deux images : celle du Juste, qui souffrit l'ignominie jusqu'à la mort; l'autre vous rappelle des événemens trop douloureux, trop récens, surtout, pour que je vienne attrister la joie de vos fêtes par de désastreux souvenirs

Mais contemplez, et dites si ma parole a exagéré la persécution?...

Cependant, j'entends dire : Si ces réflexions sont vraies, elles font naître des pensées désolantes!.. Les hommes sont donc bien mauvais, puisqu'ils préfèrent ainsi à de nobles vertus des passions odieuses?

Que de mépris ne doit-on pas laisser tomber sur l'humanité ?....

Je me hâte de répondre : Ne laissez pas aller vos cœurs à un découragement funeste ; ne vous laissez pas tomber dans une désolante inertie ; vous vous associeriez ainsi, et bien inconsidérément, à la ligue du mal.

Non l'humanité n'est pas méprisable ; elle est digne de toute votre affection, parce qu'elle mérite votre pitié.

Ignorante et faible, on la surprend quelquefois se passionnant pour l'erreur qu'elle croit être la vérité. Ce n'est jamais qu'en prenant l'apparence de la vertu que le vice peut la tromper et la surprendre. Son triomphe peut durer bien longtemps ; mais sa chute est positive et certaine. Le mal produit un jour ses fruits de ténèbres et de douleurs. —Eclairée alors, l'humanité se réveille et se lève, et dresse des autels et des statues aux victimes de ses premières fureurs.

Et dans ces derniers temps, n'avons-nous pas vu bâtir des temples à d'illustres et malheureuses victimes, élever des statues à ces grands magistrats de nos anciennes cours? comme vous, courageux Duranti, vénérable Malesherbe, qui avez à jamais honoré notre toge en nous montrant comment il faut comprendre et faire son devoir, et comment un magistrat doit mourir.

Oui c'est cette deuxième condition, nécessaire à la pratique du courage dont je parle, et qui consiste à comprendre le devoir, qu'il est utile de chercher et de reconnaître.

Sachez donc voir le mensonge partout où il se montre et quel semblant de vérité dont il se pare; pesez tout avec la froide appréciation de la raison; n'écoutez jamais l'amour-propre ou l'orgueil; ne vous en rapportez pas à vos propres lumières; consultez la loi et les sages; ayez constamment sous vos yeux l'exemple du passé.

Mais que dis-je? un plus auguste modèle n'est-il pas sous vos yeux ?

Après les mémorables jours où une dynastie, poussée par la fatalité, vint se briser à jamais contre les lois, comme le flot de l'Océan amoncelé par la tempête vient s'anéantir sur le sable de la grève, barrière que le Ciel a imposé à sa fureur, n'avons-nous pas vu l'élan populaire, excité par cet événement immense, grandir, se propager. La nation est émue par d'anciens et glorieux souvenirs de victoire, et les premiers pas qu'elle fait dans cette carrière de liberté qui s'ouvre devant elle, et qu'elle vient de conquérir, la surprennent, son triomphe l'ennivre et l'égare.

Elle est prête à faire trembler le monde et à détruire son œuvre; car elle cède alors à l'instinct des passions.

Le Ciel la protégea contre sa propre fureur: il réservait à la France un roi marqué de sa main divine.

Dès les premiers jours, LOUIS-PHILIPPE se dévoue, et lui et tous les siens, et la patrie n'a plus aucun péril.

Mais c'est ici que le sacrifice commence. En avez-vous calculé l'étendue et toutes les douleurs? Croyez-vous que ce Prince, que l'illustre et valeureux général des champs de Jemmapes et de Fleurus n'ait pas senti battre noblement son cœur le jour où vous appeliez les combats?

Croyez-vous que ses Fils, comme de jeunes aigles,

n'aient pas battu des ailes à l'aspect de la tempête ?

Qui pourrait le nier ?

Eh bien, Messieurs, il fallait éteindre dans son propre cœur ce grand enthousiasme, parce que son résultat immédiat était le deuil et la ruine des familles, la fin de nos prospérités, le bouleversement du monde!

Le devoir disait d'élever nos vœux vers des sentimens plus nobles : — le devoir fut écouté! L'Europe inquiète attendait d'autres merveilles dans l'art de la guerre, LOUIS-PHILIPPE lui montra ce que peut un grand homme sur les destinées du monde. Il lui donna la plus longue paix dont on ait joui dans les temps modernes. — Et les merveilles des sciences, des arts, de l'industrie, du commerce, créées par lui, enseignèrent sur ce nouveau champ de bataille de la civilisation, que là aussi la France était sans rivale.

Tel fut le résultat de ce courage que rien ne put abattre, ni la trahison, ni la calomnie, non plus que l'assassinat.

Mais jetons un voile sur ces épouvantables forfaits qui désolent la patrie et déshonorent le nom Français; portons nos yeux vers de grandes choses; suivons LOUIS-PHILIPPE dans le second exemple que j'ai choisi, et qui fait le sujet de ma deuxième proposition.

§ II.

C'est un témoignage de haute sagesse et d'affection parfaite pour la patrie que le Roi nous donne, en nous montrant l'exemple du respect et de l'obéissance aux lois.

Plus on pénètre dans l'intime pensée de cette grand intelligence, et plus l'admiration qu'elle fait éprouver devient profonde.

Ne perdez pas de vue que je me suis astreint à ne parler qu'à votre raison et à éloigner de moi tout espèce
d'enthousiasme.

Aussi n'ai-je pas besoin d'établir la démonstration d'un
principe que vous adoptez, partageant les sentimens qui
m'animent.

Ces sentimens se sont établis chez vous par le froid
calcul du raisonnement. En voyant les actes, vous avez
apprécié les motifs et compté les conséquences. Comme le
laboureur qui voit aux premiers rayons de l'année les
épis couronner ses champs et d'abondantes fleurs s'épa-
nouir sur ses arbres, vous avez compté la récolte.

Aussi vous n'attendez pas que je récite tous les faits
particuliers où le Roi nous a donné l'exemple de son respect pour la loi. Celui qui entreprendra cette œuvre écrira
l'histoire de son règne.

Tous les actes en effet du Monarque, soit que nous les
apprécions dans ses rapports avec la nation comme Roi,
soit que nous élevant à considérer l'auguste père de famille dans cette vie intime où il donne à la France le
modèle le plus parfait des vertus domestiques, nous
le retrouvons toujours ce qu'il fut, ce qu'il est, le rigoureux observateur des lois.

Que d'embarras pénibles les factions n'ont-elles pas
suscités !

Soit que la Providence retirant sa sagesse à quelques-uns
de ces hommes créés par elle pour veiller à la destinée
des nations, les ait poussés vers le mal; soit que l'esprit
de révolte ait armé des mains parricides pour déchirer
le sein de la patrie , c'est toujours par la force des lois
que les desseins de ceux qui les violaient outrageusement
ont été renversés.

Il se révèle ainsi comme Roi. Admirons maintenant le royal père de famille.

Il est de pénibles sacrifices que la loi exige, sinon d'une manière absolue (certaines conditions peuvent en dispenser), du moins qu'elle indique comme une nécessité.

Au nombre des plus rigoureux, je compte celui qui vient arracher aux embrassemens de la famille un fils, pour le livrer aux chances terribles de la guerre.

Il faut, Messieurs, qu'un père comprenne tout ce qu'il doit d'amour à la patrie pour ne pas succomber à la douleur d'un tel déchirement.

La nature le veut ainsi. On supporterait mille infortunes, pour préserver son enfant des chances d'une seule.

Eh bien! le noble Père ne s'est-il pas soumis à ces douleurs intimes comme le dernier des citoyens, plus que lui peut-être?

Ce fut en effet où le danger était le plus imminent, où la mitraille et l'intempérie des climats décimaient soldats et généraux, que les Princes, ses fils, ces brillans fleurons d'une noble couronne, furent envoyés pour servir la patrie.

Mais la Providence, Messieurs, est juste; elle compte les sacrifices et répand le baume sur les grandes douleurs.

Alors que MARIE, cette angélique princesse, noble par les arts comme par la naissance, prenait son essor vers le Ciel, — la bouillante valeur et la science militaire de ces dignes rejetons d'une souche royale, réduisaient les ennemis de la patrie; et la France inscrivait dans ses fastes guerriers des victoires de plus. — Le sentiment populaire, joignant ensemble le nom des jeunes combattans et ceux des nouvelles victoires, rassembla dans le même souvenir : d'Orléans et *Mascara;* — Nemours et *Constantine;* —

Joinville *Ulloa* et *Saint-Hélène.* --D'Aumale et le 17me. léger au *Col de la Téniahs !..*

Bien qu'un but aussi glorieux soit un motif suffisant pour porter à suivre une telle carrière, n'allons pas y chercher la raison de la conduite du Roi.

Laissons au vulgaire ce qui lui appartient : tout dans cette vie est plus noble et plus grand.

On doit, Messieurs, attribuer à une connaissance approfondie des hommes, au calcul des événemens, à l'étude faite par le génie de ce tout qu'on appelle le monde, et que l'on définit par un seul mot, sagesse, les desseins du Roi.

On a, dans ces derniers temps, corrompu la signification d'une belle parole, parce qu'on ne l'a pas comprise. En outre qu'elle est d'une vérité incontestable, elle devait être respectée, parce qu'elle sortait de la bouche d'un mourant qui la léguait à la postérité, sous la sauvegarde de la grande renommée qu'il s'était acquise dans la presse et dans le parlement.

Benjamin Constant saluait LOUIS - PHILIPPE de ce beau titre : ROI CITOYEN !

Ce politique illustre voulait par ces mots célèbres enseigner à son pays la royauté des temps modernes, telle que les lui révélaient les qualités du Prince.

En effet, Messieurs, dans les siècles qui venaient de passser, la volonté du pouvoir exécutif, quel qu'il fut, qu'on lui donnât le nom de monarchie ou de démocratie, c'était la Loi !

Or vous savez qu'il n'y a plus de liberté, plus d'ordre possible dans l'état où le législateur fait exécuter sa loi.

Laissons parler le plus grand des politiques :

« On ne doit pas vouloir cet état de choses, parce qu'il

» est à craindre que le même monarque ou le même
» sénat ne fasse des lois tyranniques pour les exécuter
» tyranniquement; parce que le pouvoir sur la vie et
» la liberté des citoyens serait arbitraire, si le juge
» était législateur. »

« Tout serait perdu, ajoute Montesquieu, si le même
» homme, ou le même corps des principaux, ou des
» nobles, ou du peuple exerçaient ces pouvoirs (*). »

Il importe donc que le souverain comme le législateur
soient les premiers sujets de la loi.

Et je vous le demande, cette réciprocité de droits et de
devoirs, en vertu de quel titre devez-vous en jouir ?

Le monarque des temps modernes est donc le premier
des citoyens.

Proclamons, Messieurs, que LOUIS- PHILIPPE a le
premier et le plus religieusement observé ce devoir, que
seul il a sincèrement affectionné ce titre.

Et le motif d'une telle conduite est aussi grand que lui-
même. Il a voulu enseigner à son peuple ce que c'est
que la liberté.

Liberté ! nom magique qui fait battre tous les cœurs
généreux; qui répand la joie et l'enthousiasme partout;
qui soulève le monde !

Liberté ! dernier cri du martyr qui expire sous le fer
du despote !

Qu'est-tu donc ?

Pour quelques-uns, un mot !.. et rien de plus; — une
expression sordide et vulgaire, afin de soulever des passions
fangeuses et sanguinaires.

Pour le Roi, pour nous tous, une noble et sainte

(*) Montesquieu, *Esprit des Lois*, liv. XI, CH. VI.

chose!—C'est l'honneur et le salut de la patrie; — c'est l'abri du faible contre l'oppression du fort; — c'est l'impossibilité de l'injustice ; —c'est la sauvegarde du citoyen contre les exigeances arbitraires de la société; pour la société, la sauvegarde contre les attaques insensées du citoyen ; — en un mot, c'est le triomphe de la loi.

Pouvoir faire tout ce que les lois permettent, voilà la liberté; surtout lorsque ces lois, comme les nôtres, sont telles qu'un citoyen ne peut pas craindre un autre citoyen.

Ai-je besoin maintenant d'insister sur ce que la conduite du Roi a de grand, de noble, de sage, et principalement d'affectueux pour la patrie?

Insister!.. ce serait outrager l'intelligence humaine !..

Soyons tous, Messieurs, soumis aux lois; environnons-les de notre respect; gardons-nous de nous montrer ou plus sages ou plus puissans qu'elles.

La loi, c'est la raison écrite : l'insensé peut seul croire qu'il est plus sage ou plus puissant que la raison.

En suivant ainsi l'exemple du Monarque, nous assurons à la patrie le plus magnifique bienfait dont elle puisse jouir : la Liberté!

Il est temps que je m'arrête. Mes forces s'épuisent et ma parole doit lasser votre attention, bien que celui dont je parle m'ait concilié votre précieuse bienveillance.

O mon pays!... Belle France!... Toi la reine et la maîtresse du monde!... Toi, au pieds de laquelle toutes les nations viennent payer tribut!... ennoblie par dix siècles de gloire; resplendissante comme le soleil par ta science; couronnée par les arts; terre de génie, de générosité, de valeur, de noblesse, pourquoi tes enfans viennent-ils déchirer ton sein ?

Pourquoi ces cris échappés au délire contre toi et contre les tiens?.... Ta destinée serait-elle accomplie? Reine des nations vas-tu descendre au cercueil, et, comme Babylonne, ne plus être qu'un souvenir?

Non!.. la confusion n'est pas encore venue. — Non!.. la vérité se montre, et son triomphe est sûr.... le sang des martyrs a fécondé la terre.

Je vois qu'un noble sentiment impressionne toutes les ames. Il est empreint de générosité.... Quel but voulez-vous atteindre, jeunes hommes?

— La plus grande masse de bonheur possible, et pour tous, répondez-vous.

Ah! vous êtes des nôtres!... Nous le voulons aussi. Mais par des moyens aussi puissans que possibles.

Vous éloignant des routes tracées, vous vous livrez à la recherche de l'impossible. Vos théories sont des rêves qui éblouissent ceux qui se laissent aller aux prestiges de l'imagination, cette folle du logis... Ecoutez la raison.

Ceux qui ne veulent pas voir la lumière ne pourront bientôt soutenir son éclat.

Ils reconnaîtront avec nous que ce n'est que par le courage de faire son devoir, que par l'amour des lois, que peut régner la liberté et briller le patriotisme.

Aussi ces bruits sinistres, que de temps à autres nous entendons encore, ne sont plus redoutables. — Après la tempête, un retentissement lointain révèle encore l'orage : c'est le signal de sa fuite et le présage d'un beau jour.

Oui je trouve cette consolante assurance dans l'esprit de sagesse des citoyens de cet arrondissement.

Naguères, à nos portes, la discorde civile est venu agiter ses affreux brandons. Une population égarée s'est levée contre les lois. Tout ici est demeuré calme et digne : une seule émotion a dominé les cœurs, *l'obéissance aux lois!*

Citoyens mes compatriotes, vous vous êtes noblement conduits. Vous avez offert un bel exemple : — le pays vous en doit tenir compte.

Oh! pour moi, que ma parole vous soit un gage de vive reconnaissance! Ces terribles devoirs du magistrat en présence de la sédition ne m'eussent point abattu; — le devoir m'eût trouvé à mon poste; mais mon ame eût été déchirée!... Que d'amères émotions à l'aspect du malheur prêt à fondre sur mon pays natal; — prêt à fondre sur vous, mes compagnons d'enfance, mes amis, mes frères!.. Oh! que de joies vous m'avez données!.. Merci!..

Magistrats, avocats, avoués, vous tous dont le cœur bat lorsqu'on parle de courage et d'honneur, réunissons-nous aux pieds de notre Roi, de ce prince qui consacre à la patrie son repos, son bonheur, ses plus saintes affections!

Saluons le monarque auguste, le noble père, le protecteur de la liberté, le plus sage et le plus capable des potentats, de ce cri éminemment français :

Vive le Roi!

Après ce discours, le cri de *Vive le Roi* s'est fait entendre de nouveau, les militaires ont présenté les armes, et plusieurs salves d'artillerie ont été tirées.

Ensuite M. le Substitut a requis qu'il plût au tribunal de déclarer la session de 1841-1842 ouverte, et les vacances terminées.

M. le Président, après avoir consulté le tribunal, a déclaré, conformément à ce réquisitoire, la session

judiciaire de 1841 - 1842 ouverte, et les vacances terminées.

De tout quoi, il a été dressé le présent procès-verbal.

Étaient présens, MM. Lapouyade, président; Martineau,
juge d'instruction; Rossi, juge; Claude Larquey, Mous-
sillac, Gautier, juges-suppléans; Dumoulin, substitut;
Saintaubin père, greffier, et Saintaubin fils, commis-
greffier.

Signé sur la minute :

LAPOUYADE, *président;*

SAINTAUBIN, *greffier.*